AF613768

LE GENDRE
DE
M. POMMIER

COMÉDIE-VAUDEVILLE EN TROIS ACTES

PAR

MM. SIRAUDIN, DELACOUR ET L. MORAND

Représentée pour la première fois, à Paris, sur le théâtre de Palais-Royal, le 10 septembre 1855.

NOUVELLE ÉDITION

PARIS
MICHEL LÉVY FRÈRES, LIBRAIRES-ÉDITEURS
RUE VIVIENNE, 2 BIS, ET BOULEVARD DES ITALIENS, 15
A LA LIBRAIRIE NOUVELLE

1866

PERSONNAGES

LE COMTE RENAUD DE VEAUPIQUÉ	MM.	LUGUET.
POMMIER		GRASSOT.
DUNOIS		OCTAVE.
LE DOCTEUR BERNARD		DELACROIX.
CALUMET, amis de Renaud		FERDINAND.
OCTAVE, amis de Renaud		LUCIEN.
DOMINIQUE, domestique de Renaud		LEMEUNIER.
UN GARDE DU COMMERCE		BACHELARD.
ZOÉ, fille de Pommier	Mmes	DINAH.
GRAZIELLA		DUPUIS.

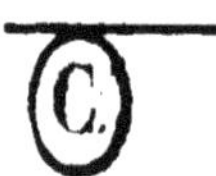

La mise en scène exacte de cette pièce, avec plans de décors, etc., rédigé par M. ALEXANDRE MAY, est en vente, rue de Valois, Palais-Royal, 27, au bureau de *la Presse théâtrale*.

LE GENDRE DE M. POMMIER

ACTE I.

A Clichy. — Une chambre, porte au fond, porte à droite.

SCÈNE PREMIÈRE.

RENAUD, CALUMET, OCTAVE, BERNARD et GRAZIELLA.
(Ils sont assis autour d'une table bien servie.)*

AIR : *Bacchanal et vive l'orgie.* (Filles de Marbre).

CHOEUR.

Chers amis, et joyeux compères,
Chantons !
Un doux nectar remplit nos verres,
Trinquons !
Vive, vive le champagne,
Ce joli vin de cocagne !
Buvons !

RENAUD.

Un dernier cigare! un dernier verre de champagne!... et un dernier toast!...

TOUS, levant les verres.

A la santé de Renaud!

GRAZIELLA.

A nos amours!...

RENAUD.

Bonne Graziella... Oui, à nos amours!...

TOUS.

Bravo! bravo!

DOMINIQUE, entrant.**

Messieurs... messieurs!...

RENAUD.

Qu'est-ce, Dominique?...

DOMINIQUE

Monsieur le comte, je suis chargé de vous dire que le choc de vos verres devient scandaleux.

* Graziella, Octave, Renaud, Bernard, Calumet.

** Graziella, Octave, Renaud, Bernard, Dominique, Calumet.

BERNARD.

Eh bien, drôle!

RENAUD.

Laisse-le parler.

CALUMET.

Explique-toi, Dominique.

DOMINIQUE.

Monsieur le comte oublie donc qu'il est en prison?

RENAUD.

Non, parbleu! je ne l'oublie pas.

DOMINIQUE.

En prison pour dettes... à Cichy, et que si le directeur a consenti à lui assigner un logement plus confortable qu'aux autres prisonniers, c'est à la condition...

BERNARD.

Il a raison.

RENAUD.

L'observation de monsieur le directeur est juste... Buvons en silence.

GRAZIELLA, à demi-voix.

A nos amours!

TOUS.

A vos amours!

DOMINIQUE.

A la bonne heure!

RENAUD.

Bonne Graziella!...

GRAZIELLA.

Pauvre bibi!... et dire que voilà quinze jours que je ne l'avais vu... car... il faut que je vous raconte ça... c'est très-crieux..... La semaine dernière, je rencontre le docteur... j'arrivais de mon pays où j'avais été chercher mes papiers... Je m'informe de Renaud... le docteur hésite à me répondre... j'insiste... et il finit par m'avouer qu'il est à Clichy.

RENAUD, à Bernard.

Comment! c'est toi qui lui as dit...

BERNARD.

Oui... Seulement, n'ayant pas le courage de vous apprendre l'affreuse vérité, j'ajoute...

GRAZIELLA.

A Clichy-la-Garenne... Naturellement, je crois que Renaud a voulu se mettre au vert... je prends une voiture, et me voilà partie pour Clichy, où depuis huit jours j'ai frappé à toutes les portes! J'interroge, je questionne... pas plus de Renaud que de Grand Turc... Enfin, le cœur brisé, je reviens à Paris... je cours chez toi... et là j'apprends qu'il s'agit, non pas de Clichy-la-Garenne, mais de Clichy, la prison... Mon Renaud coffré !... Ah! mais, ne crains rien!... maintenant, je ne te quitte plus! (Elle se lève.)

RENAUD, à part.

Diable!

GRAZIELLA.

AIR *d'Haydée.*

Je suis à toi !
Nos deux cœurs sont unis sur cette terre!
L' tien, c'est l'ormeau, l'mien, c'est le lierre;
Ah! mon Renaud! ne dout's jamais de moi!
Je suis à toi!

*(On se lève.)**

TOUS.

Bonne Graziella!...

BERNARD, bas à Renaud.

Midi bienôt... fais-la filer.

RENAUD, bas à Bernard.

Attends... (A Graziella, tendrement.) Oh ! oui... ** va, ange de ma vie, étoile de mes nuits... nous ne nous quitterons plus... seulement, aujourd'hui, tu vas t'en aller...

GRAZIELLA.

M'en aller!... comment?...

RENAUD.

Comme tu es venue.

GRAZIELLA.

Ah! mais...

RENAUD, avec mystère.

Ne vois-tu pas qu'il se passe ici quelque chose d'étrange?... Ce déjeuner que j'ai fait apporter... ces messieurs que j'ai fait venir...

OCTAVE.

En effet...

CALUMET.

Tu ne nous as pas dit...

RENAUD.

Chut!... Je médite un plan d'évasion.

TOUS.

Bah!

RENAUD.

Chut!... oui... un plan d'évasion à la Monte-Cristo.

*Octave, Graziella, Calumet, Renaud, Bernard.

** Octave, Calumet, Graziella, Renaud, Bernard.

GRAZIELLA.

Je connais la légende.

RENAUD.

Comme lui, je me fais coudre dans un sac... on me jette par la fenêtre... je tombe sur une voiture de paille qui se trouve là par hasard... j'éventre le sac avec le poignard que j'ai... (*Cherchant à sa ceinture, et s'apercevant qu'il n'a pas de poignard*) que j'ai à ma jarretière... je saute en bas de la voiture... et ça n'est pas plus difficile que ça.

BERNARD.

Ça se fait tous les jours!

GRAZIELLA.

Très-bien!... je vous aiderai...

BERNARD.

Du tout... ta présence pourrait éveiller les soupçons... Tu vas prendre immédiatement le chemin de fer et chauffer pour Bruxelles... tu m'attendras à l'hôtel du *Pélican blanc*...

GRAZIELLA.

Qui s'ouvre les flancs...

RENAUD.

Pour nourrir ses enfants... Va-t'en... Demain matin, je serai près de toi, et bientôt des liens indissolubles...

GRAZIELLA.

Bien vrai?...

RENAUD.

Tu doutes?

AIR d'*Haydée*.

Je suis à toi!
Oui! je suis comte, et tu seras comtesse!
Si j'étais duc, tu s'rais duchesse ;
Tu serais reine, enfin, si j'étais roi!
Je suis à toi!

GRAZIELLA.

Bon Renaud! Je rentre à l'hôtel... je prends mes biblots et je pars!

RENAUD.

Très-bien!

BERNARD, *à Renaud, bas.*

Il est midi!

RENAUD, *à Graziella.*

Fais préparer les torches de l'hyménée... qu'il n'y ait qu'à les allumer...

GRAZIELLA.

C'est convenu... A demain!

RENAUD.

A demain !

GRAZIELLA, *à demi-voix.*

Et bonne chance!...

RENAUD.

Bernard va te conduire... (*Bas à Bernard.*) Assure-toi bien qu'elle est partie.

ENSEMBLE.

AIR : *A qui mal veut.*

Espérance !
Confiance!
Quel avenir ravissant!...
File vite,
Ma petite,
Va m'attendre au Pélican.

GRAZIELLA.

Espérance!
Bonne chance !
Quel avenir ravissant!...
Je pars vite,
Viens de suite
Me rejoindre au Pélican!

BERNARD *et les* AUTRES.

Espérance!
Confiance !
Quel avenir ravissant !
Filez vite,
Et de suite,
Partez pour le Pélican !

(*Graziella sort avec Bernard par la droite.*)

SCÈNE II.

LES MÊMES, moins GRAZIELLA et BERNARD. *

RENAUD.

Ah! m'en voilà débarrassé... bon voyage!... Maintenant, mes amis, je puis vous dire pourquoi je vous ai fait venir, et pourquoi je vous ai prescrit une tenue officielle.

OCTAVE.

Habit noir...

* Calumet, Renaud, Octave.

CALUMET.

Et cravate blanche.

RENAUD.

Vous comprenez bien que cette histoire d'évasion a été inventée pour les besoins de la situation... Apprenez donc... mais, d'abord, un verre de champagne pour rétablir la gaieté.

CHOEUR, *reprise.*

Chers amis et joyeux compères, etc.

SCÈNE III.

LES MÊMES, BERNARD, accourant.

BERNARD, très-effaré.

Monsieur Pommier !... Il traverse la cour !...

RENAUD, très-effrayé.

Vite, mes amis, enlevez la table... ouvrez la fenêtre...

BERNARD.

Chassons l'odeur du cigare !...

RENAUD.

Et vous, docteur, voyons... à mes côtés ! (Les amis, après avoir passé la table à droite, ouvrent la fenêtre, agitent leurs mouchoirs. Renaud se jette dans un fauteuil et boutonne sa robe de chambre.)

BERNARD.

Votre bonnet de soie...

RENAUD.

Merci !... (Il enfonce son bonnet de soie sur ses yeux.) Octave, Calumet... Ici, près de moi... *

OCTAVE et CALUMET.

Mais, que veut dire ?...

RENAUD.

Du silence... et attention...

SCÈNE IV.

LES MÊMES, POMMIER, DUNOIS. **

POMMIER.

Entrez, Dunois, entrez.

BERNARD, à Pommier.

Chut !

POMMIER, marchant sur la pointe des pieds, à lui-même en regardant Renaud.

Malade... esquinté... Ah ! quel tableau réjouissant pour ma prunelle.

* Calumet, Octave, Renaud, Bernard.

** Calumet, Octave, Renaud. Bernard, Pommier, Dunois.

RENAUD, d'une voix éteinte.

C'est vous, monsieur Pommier!

POMMIER.

Oui, mon noble gendre. (Dunois, Calumet et Oscar, étonnés.)

RENAUD.

Beau-père... excusez-moi... si je ne me lève pas.

POMMIER.

Je vous excuse.

RENAUD.

Permettez-moi de vous présenter mes deux témoins... monsieur Calumet et monsieur Octave Beaubourg... (Calumet et Octave, étonnés, se regardent.) Saluez, Octave... saluez, Calumet... (Les deux amis saluent.)

POMMIER, les saluant.

Messieurs... (A Renaud.) Et comment va cette petite santé ce matin?

RENAUD.

Oh! je suis bien faible!

POMMIER.

Vous avez une mine superbe.

DUNOIS, bas à Pommier.

Ah bien... vous n'êtes pas difficile!

POMMIER, lui donnant un coup de coude.

Tais-toi donc... (A part.) Il a une binette déplorable. (A Bernard. Qu'en dites-vous, docteur?

BERNARD, levant les yeux au ciel.

Hélas!

POMMIER.

Compris!... Dort-il?

BERNARD.

Il n'a pas fermé l'œil de la nuit.

POMMIER.

Tant mieux!

DUNOIS.

Hein?

POMMIER, à Bernard.

Mange-t-il?

BERNARD.

Rien ne passe.

POMMIER.

Tant mieux!

DUNOIS, à Pommier.

Comment, tant mieux?

POMMIER, lui donnant un coup de coude.

Mais tais-toi donc!... (A Bernard.) Souffre-t-il beaucoup?

BERNARD.

Le martyre.

POMMIER.

A merveille!... (Haut.) Mais il aura bien la force de se traîner jusqu'à la mairie?

BERNARD.

Je l'espère.

RENAUD, d'une voix plaintive.

Pommier.

POMMIER.

Quoi, mon gendre?

RENAUD.

Et ma fiancée... Je ne la vois pas...

POMMIER.

Elle arrive, mon gendre, elle arrive... Je suis venu avant la cérémonie pour bien m'assurer de l'état de votre santé. Dans une heure, nous serons tous ici... le notaire d'une main et ma fille de l'autre... Nous rédigeons le contrat... Nous partons pour la mairie... puis, on vous conduira à l'autel...

DUNOIS, bas.

A l'Hôtel-Dieu!

POMMIER.

Imbécile!

RENAUD.

Vous dites?...

POMMIER.

Rien... C'est à Dunois que je parle... Maintenant, comte Renaud de Veaupiqué, comme je suppose que vous n'avez pas l'intention de vous marier en robe de chambre, je vous invite, ou plutôt j'invite messieurs vos témoins et amis à vous transvaser dans la chambre ci-jointe, pour vous y passer un habit.

RENAUD.

Vous avez raison... Docteur, le bras... Octave, Calumet, soutenez-moi. (Il se lève avec peine.)

DUNOIS, à Pommier.

Mais ce n'est pas un fiancé, ça... c'est un invalide.

POMMIER, lui donnant un coup de coude.

Tais-toi donc... Je me flatte que le mariage l'aplatira tout à fait.

RENAUD, d'une voix déchirante.

Eh bien, docteur... vous m'abandonnez?...

BERNARD, allant à lui.

Voilà, cher ami, voilà.

ENSEMBLE.

AIR : *Espagnolas et Boyardinos.*

RENAUD.

Pour un tel jour, amis, quelle tristesse!

A chaque instant je me sens défaillir,
Devant ma femme, au moins, je le confesse,
Je voudrais bien ne pas m'évanouir.

BERNARD, OCTAVE, CALUMET.

Pauvre garçon, voyez, qu'elle faiblesse !
Il est toujours prêt à s'évanouir.
Cachons-lui bien, messieurs, notre tristesse ;
Jusqu'à l'autel il ne pourra venir.

POMMIER.

Cachons-leur bien ma trop juste allégresse.
Jusqu'à l'autel, ah ! puisse-t-il venir !
Et puis après, sur ma foi, je le laisse,
Tout à son aise enfin s'évanouir.

DUNOIS.

J'ai peine, hélas ! à cacher ma tristesse
Jusqu'à l'autel il ne pourra venir
Pauvre garçon, voyez quelle faiblesse
Il est toujours prêt à s'évanouir.

(Après l'ensemble, Renaud entre à droite, soutenu par Bernard, Octave et Calumet.)

SCÈNE V.

POMMIER, DUNOIS.

(Ils remontent la scène pour s'éloigner par la porte du fond ; tout à coup Pommier se ravise, pose sa main sur l'épaule de Dunois, et s'avance solennellement sur le devant du théâtre.) *

DUNOIS, étonné.

Eh bien... nous ne partons pas ?

POMMIER.

Silence, Dunois... Je vous supprime la parole, à moins que ce ne soit pour me répondre.

DUNOIS.

Mais, monsieur.

POMMIER.

Toute initiative vous est interdite... Je suis abonné au Théâtre-Français...

DUNOIS.

Ah ! tiens !

POMMIER.

Oui... L'habitude des tragédies m'a donné une idée... Pas de geste dubitatif, Dunois... Cette idée, la voici : A l'instar d'Hippolyte et d'Agamemnon qui se donnent le chic d'avoir toujours deux oreilles toutes prêtes pour écouter leurs calembredaines, j'ai voulu aussi, moi, me payer un confident...

* Dunois, Pommier.

DUNOIS.

Un confident?...

POMMIER.

Qui n'aurait d'autre occupation que d'ouïr les paroles que je rédige... Tu t'es trouvé sous ma main, je t'ai choisi; tu as douze cents francs par an pour cela... Pas de geste qui semblerait dire que ce n'est pas assez payé... Donc... vous êtes mon confident... Ecoutez-moi.

DUNOIS.

Je vous écoute.

POMMIER.

Je possède, vous le savez, une quatre-vingtaine de mille livres de rentes que j'ai amassées péniblement en exerçant la profession de carrossier. Malgré cela, Dunois, je ne suis pas heureux, il me manque quelque chose... Ne m'interromps pas... tu ne me donnerais pas ce qui me manque et tu me ferais perdre le fil de mon discours... Oui, une chose me manque... c'est la considération... les honneurs... l'ambition m'a mordu... je suis pincé... et, pour me guérir, j'ai songé à marier ma fille... à quoi? à un homme de ma trempe, de mon calibre, de ma condition... à un bourgeois... Ah! fi! fi! pouah!... non!... je veux en faire une marquise.

DUNOIS.

Une marquise!

POMMIER.

Et c'est pourquoi j'ai jeté les yeux sur un comte.

DUNOIS.

Ah!

POMMIER.

Tu me diras à cela... non, ne me le dis pas, je le dis pour toi: Mais pourquoi, si vous voulez voir votre fille marquise, pourquoi lui faire épouser un comte... Pourquoi? Remontons plus haut et changeons de côté... ça se fait au Théâtre-Français... (Il change de côté.*) Il y a quelques mois, le marquis de la Houspignolles, une de mes pratiques, semblait traîner les guêtres qu'il n'avait pas dans mes ateliers... Je devinai que ma fille Zoé lui plaisait... Je le forçai de s'expliquer en lui demandant si ses intentions étaient pures. Ce noble galopin me répondit franchement que non... Puis, il ajouta : Ah! si elle avait un nom, un titre, je ne dis pas... Aussitôt une idée me poussa, et voici ce que j'imaginai...

DUNOIS.

Ah! voyons ce que vous imaginâtes...

POMMIER.

Cette interruption me fait plaisir, elle me donne le temps de souffler. J'avais parmi mes clients un jeune homme, membre du

* Pommier, Dunois.

club des Panés, et répondant au nom de comte de Veaupiqué... Quelques lettres de change qu'il m'avait souscrites, et qu'il ne paya pas, m'obligèrent à le fourrer poliment dans cette retraite. Au bout de trois jours, mon jeune homme dépérissait... Au bout d'une semaine il était mourant... C'est alors que je me suis dit, avec la sagacité qui caractérise le bourgeois : Mais voyons donc... voyons donc... le comte est malade... le docteur Bernard, son ami et son médecin, m'assure qu'il n'ira pas loin... donnons-lui ma fille en mariage... Elle sera comtesse aujourd'hui, et veuve dans quelques jours... Or, ce nom, ce titre lui donneront le droit d'entrer triomphalement dans la famille Houspignolles. Et voilà pourquoi, mon cher Dunois, je marie ce matin même ma fille Zoé au comte Renaud de Veaupiqué... qui ne se doute nullement de mes petites roueries.

DUNOIS.

Ah! je comprends!...

POMMIER.

Mais j'entends le bruit des voitures. (Appelant à droite.) Mon gendre!... ma fille arrive!... courons la recevoir!... (Il sort avec Dunois par le fond.)

SCÈNE VI.

RENAUD, BERNARD, CALUMET, OCTAVE. Ils entrent par la droite. Renaud toujours soutenu par ses amis.

CHŒUR, *de la scène troisième. Reprise.* *

Pauvre garçon, voyez quelle tristesse!
Il est toujours prêt à s'évanouir!

BERNARD, les interrompant.

Oh! parfait!... on ne te donnerait pas vingt-quatre heures à vivre!

RENAUD.

C'est ce qu'il faut... le père Pommier n'y verra que du feu!

OCTAVE.

Ainsi donc, avant ce soir, tu seras marié?

RENAUD.

Oui, mes amis... ça vous étonne, n'est-ce pas... je n'en reviens pas moi-même... Figurez-vous que je faisais le malade, espérant simplement que ce brave fabricant de carrioles se laisserait attendrir et m'ouvrirait les portes de Clichy... Bernard lui donnait chaque jour le bulletin de ma triste santé... Lorsqu'un beau matin, monsieur Pommier vient d'un air tout gracieux m'offrir de payer mes dettes et d'épouser sa fille.

OCTAVE.

Mais quel motif a pu le décider?...

* Bernard, Renaud. Calumet, Octave.

RENAUD.

Peut-être mon physique... mon gredin de physique qui aura fait des siennes... La petite m'aura vu, et un coup de sympathie...

BERNARD.

Mais je te répète qu'elle ne te connaît pas!

RENAUD.

Alors, je n'y comprends plus rien... Tout ce que je sais, c'est que le beau-père est millionnaire... la jeune fille charmante, à ce que dit Bernard... et que je serais bien bête, quand le bonheur se présente, de ne pas en profiter... D'ailleurs, s'il y a quelque chose là-dessous, nous le verrons bien!

DOMINIQUE, annonçant.

Monsieur Pommier!

BERNARD.

Faites entrer. (Renaud donne le bras à Calumet et affecte un air souffrant. Ils sont à droite.)

SCÈNE VII.

LES MÊMES, POMMIER, ZOÉ, DUNOIS, INVITÉS, OCTAVE, CALUMET. *

CHŒUR,

AIR : *Mascarade des Mousquetaires de la Reine.*

Puisque l'amitié nous convie
En ce beau jour,
Nous accourons, l'âme ravie,
Fêter l'amour.
Un aussi brillant mariage
Est un honneur,
Souhaitons au futur ménage
Bien du bonheur.

ZOÉ, tremblante.

Où sommes-nous donc, papa?

POMMIER.

Dans l'hôtel de ton noble futur.

ZOÉ.

Mais j'ai cru lire sur la porte : Prison pour dettes.

* Zoé, Pommier, sur le devant de la scène à gauche. Bernard, Renaud, ses amis et invités groupés au deuxième plan à droite; sur l'invitation de Renaud, les invités, après le chœur, passent à gauche derrière le notaire, qui est assis près d'une table au deuxième plan.

POMMIER, à part.

Bigre!

RENAUD, à Octave et à Calumet qui le soutiennent.

Comment est-elle ?

OCTAVE et CALUMET.

Charmante !

POMMIER, à Zoé.

Je vais te dire...* Mon noble gendre est propriétaire de cet immeuble... il le loue au gouvernement, et il s'y est conservé un local.

ZOÉ.

Ah!... Mais mon futur?..

POMMIER.

Tiens... là... Vois-tu ce monsieur qui a si bonne mine... qui se porte si bien?

ZOÉ.

Ah! oui!

POMMIER.

Eh bien! c'est l'autre qui est à côté.

ZOÉ.

Oh! mais il a l'air malade. **

POMMIER.

C'est l'émotion... d'un premier début dans le mariage... Viens que je te présente...Monsieur le comte...*** (Renaud se lève.) Zoé, ma fille... Mon gendre... ma fille... Ce jour... hein! (Il pleure.)

DUNOIS, s'approchant de Pommier.

Pourquoi mugissez-vous ainsi?***

POMMIER, à Dunois.

C'est pour me dispenser de parler... Je ne savais que dire... (Haut.) Enfants, **** pendant que je vais faire mettre les noms sur le contrat, à l'aide du notaire ci-inclus... causez... faites la causette...***** Vous, messieurs les témoins, entourez le notaire.

RENAUD, près de Zoé, qui est assise sur le devant de la scène.******

Il faut pourtant que je me décide à lui parler. (Haut.) Mademoiselle...

ZOÉ.

Monsieur...

* Pommier, Zoé, passant à droite. Renaud s'assied près du notaire.

** Bernard Renaud, Zoé, Pommier.

*** Bernard, Renaud, Zoé, Pommier, Dunois.

**** Calumet, Bernard, Renaud, Pommier, Zoé, Dunois.

***** Calumet, Bernard, Pommier, Renaud, Zoé.

****** Le notaire, Pommier, assis près de lui. Zoé, Renaud, les autres entourent le notaire.

RENAUD, *s'asseyant.*

Je ne m'attendais pas, je l'avoue, malgré le portrait flatteur qui m'en avait été fait, à rencontrer une fiancée si jolie... si... comment dirai-je?... si... si jolie!...

ZOÉ.

Comment cela monsieur?... vous me connaissiez bien.

RENAUD.

Moi?

ZOÉ.

Sans doute... Mon père m'a dit que vous étiez passé plusieurs fois devant la maison... et que, m'ayant aperçue à la fenêtre, vous étiez tombé amoureux de moi subitement.

RENAUD.

Ah! votre père... a dit... Oui, oui... c'est cela... subitement...

ZOÉ.

Tandis que moi... je vous vois aujourd'hui pour la première fois.

RENAUD.

Ah!... Et...

ZOÉ, *se levant.*

Je vous trouve l'air souffrant...

RENAUD.

Oh!... ce n'est rien... (*Il lui baise la main.*) Bientôt il n'y paraîtra plus! (*S'oubliant, il lui prend la taille.*)

ZOÉ, *poussant un cri et s'échappant.* *

Oh!

POMMIER, *toussant et se levant.*

Hum! hum! mon gendre paraît se ranimer... (*Venant en scène.*) Tout est convenu avec le tabellion... Nous allons passer à la lecture du contrat... Mon gendre, prenez place... vous avez besoin de vous ménager... Notaire, procédons. (*On se place. — Tirant des papiers de sa poche.*) Nous disons donc que monsieur le comte apporte, d'une part... quarante mille francs.

LE NOTAIRE, *inscrivant.*

Quarante mille francs.

OCTAVE et CALUMET, *étonnés, bas entre eux.*

Hein?

RENAUD, *bas à Bernard.*

Que je dois à mon tailleur...

POMMIER.

Très-bien... D'une autre part, vingt mille francs.

LE NOTAIRE, *inscrivant.*

Vingt mille francs.

* Zoé, Pommier, Renaud, Bernard, les autres au deuxième plan.

RENAUD, bas à Bernard.

De dettes au bijoutier...

POMMIER.

Très-bien... Enfin, quarante-huit mille francs en billets... en valeurs...

RENAUD, bas à Bernard.

Protestés...

POMMIER.

Total : Cent huit mille francs...

LE NOTAIRE, écrivant.

Cent huit mille francs.

POMMIER.

J'ai les titres en main... (Il remet les papiers dans sa poche.) De mon côté, je donne en dot à ma fille... (Renaud tousse. — A part.) Que risqué-je, dans l'état désagréable où se trouve mon gendre?... (Se levant.) Prut!... soyons généreux... (Haut.) Je donne à ma fille une rente de trente mille francs par an... (Renaud tousse plus fort.) De plus : logement, chauffage, nourriture, éclairage, voiture... et blanchissage à mes frais. (Renaud redouble ; Calumet et Octave s'approchent vivement.)

RENAUD.

Assez!... assez!

POMMIER.

Rien ne me coûte pour assurer le bonheur de mes enfants.

ZOÉ, se jetant dans ses bras.

Mon père!

POMMIER, pleurant.

Pas un mot de plus, ma fille... sans cela, je tourne à la borne-fontaine.

ZOÉ, lui essuyant un œil.

Ne pleurez pas, papa.

POMMIER.

L'autre œil aussi... C'est drôle, quand je pleure, je pleure des deux yeux... Maintenant signons. (Zoé va signer.) Mon gendre... (Renaud signe.) Appuyez-vous sur votre notaire... ça rentre dans les devoirs de sa charge (Il signe. *) Les portes vous sont ouvertes... et maintenant... à la *mairie*.

RENAUD, à part.

Le tour est fait!

ENSEMBLE.

Final du premier acte de Renaudin.

TOUS.

Filons! (*ter.*)

POMMIER.

Mes bons amis, de partir il est temps,
Filons à la mairie.

Renaud, Pommier, Zoé, Dunois, Bernard.

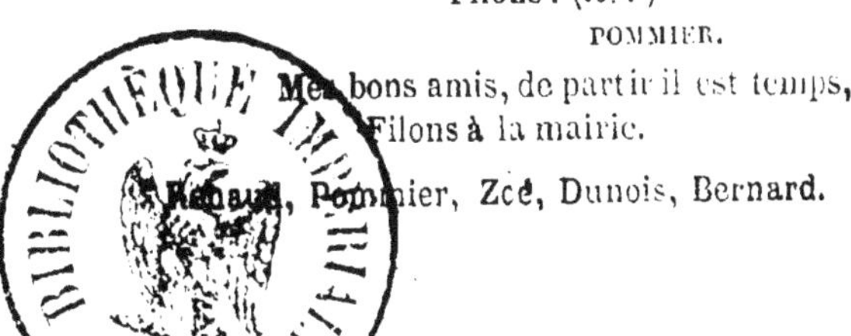

C'est le plus beau jour de la vie
Qui brille pour mes cheveux blancs.

TOUS.

Il a raison, de partir il est temps:
Filons à la mairie.
C'est le plus beau jour de la vie
Qui brille pour ses cheveux blancs.

POMMIER, *à Renaud.*

Dettes, billets, j'ai tout payé d'avance!

RENAUD.

Ah! cher Pommier, que de reconnaissance!

POMMIER.

Rendez Zoé bien heureuse en retour.

RENAUD, *la pressant sur son cœur.*

Certes, jusqu'à mon dernier jour...

POMMIER, *à Dunois.*

Ah! ah! jusqu'à son dernier jour!

(*Les amis se rapprochent de Renaud et le prennent sous le bras.*)

TOUS, *haut.*

Allons, allons!
Sans plus tarder, filons.

POMMIER, *à Zoé.*

Pour êtr' gentille,
Pour ton bonheur,
Allons, ma fille,
La bouche en cœur.

ZOÉ, parlé.

Oui, papa.

POMMIER.

Tiens, comme ça.

REPRISE DE L'ENSEMBLE.

POMMIER.

Mes bons amis, de partir il est temps, etc.

TOUS.

Il a raison, de partir il est temps, etc.

(*Les Invités sortent les premiers; Pommier donne le bras à sa fille, Dunois les suit. Renaud donne le bras à ses amis : ils sortent les derniers en sautant.*)

* Renaud, Zoé, Pommier, Dunois.

ACTE II.

Salon élégant. — Portes au fond, à droite et à gauche. — Une cheminée à gauche, deuxième plan, et un canapé au premier. — Un guéridon à droite, premier plan.

SCÈNE PREMIÈRE.

RENAUD, DOMINIQUE. *

RENAUD, entrant par la gauche, en toilette du matin.

Onze heures... très-bien... Ah! c'est toi, Dominique... Tiens, cette lettre à la poste... (Il lui donne la lettre. A lui-même.) Je viens d'écrire à mon oncle, à Fontainebleau ; je lui donne les détails de mon mariage... j'espère que ça le calmera.

DOMINIQUE.

Voici les journaux que j'apportais à monsieur le comte...

RENAUD.

C'est inutile... Je sors...

DOMINIQUE.

Si monsieur Pommier demande monsieur le comte?

RENAUD.

Je serai rentré dans dix minutes... A propos, as-tu fait ce que je t'ai dit?

DOMINIQUE.

Exactement... (Avec mystère.) J'ai pris avec de la cire l'empreinte de la serrure... et le serrurier m'a promis qu'avant midi...

RENAUD.

Très-bien... J'y passerai moi-même... Ah! mon cher beau-père... vous mettez ma femme sous clef la première nuit de mes noces... et moi, vous me donnez pour compagnie une garde-malade, des pots de tisane, des médicaments de toute espèce...

DOMINIQUE, riant.

C'était drôle!... et la résignation de monsieur le comte m'a étonné!

RENAUD.

Que veux-tu?... Pour me fâcher, il fallait avouer au papa Pommier qu'hier, à Clichy, je me suis moqué de lui... cela nous eût brouillés peut-être... Quant à briser la porte de l'appartement de ma femme, c'eût été brutal!... J'ai préféré me résigner... et après avoir congédié ma garde-malade... je me

* Renaud, Dominique.

suis paisiblement endormi... tout seul... (Regardant sa montre.) Mais en voilà assez!... il se fait tard... Ah! le cocher est en bas?

DOMINIQUE.

Oui, monsieur le comte.

RENAUD.

Très-bien... Je vais en passant lui dire de se tenir prêt...

(Il sort par le fond.)

SCÈNE II.

DOMINIQUE, puis POMMIER.

DOMINIQUE.

C'est égal... voilà une singulière nuit de noces!... La petite femme doit faire une drôle de mine ce matin... Certes, je ne suis pas curieux... mais... (Il applique son œil à la serrure de droite. — Pommier entre par la deuxième porte de gauche. *)

POMMIER, à lui-même, une tasse de tisane à la main.

Allons!... ça ne s'est pas trop mal passé... Mon pauvre gendre a entendu raison assez facilement... et... ça se conçoit... dans sa position... (Apercevant Dominique.) Mais que vois-je? (Il pose la tasse sur la table, à droite.)

DOMINIQUE, l'œil à la serrure.

Je ne vois rien du tout.

POMMIER.

V'lan! (Il lui donne un coup de pied au derrière.)

DOMINIQUE, se retournant.

Entrez!

POMMIER.

Que fais-tu là?

DOMINIQUE.

J'apportais les journaux de monsieur le comte...

POMMIER.

Allons, c'est bon!... file.

(Dominique sort.)

SCÈNE III.

POMMIER, ZOÉ.

POMMIER.

Réveillons ma fille... et tâchons de l'entretenir dans une aimable indifférence à l'égard de son noble époux... (Il tire une clef de sa poche et ouvre la porte de droite.) Zoé!... Zoé!...

ZOÉ, entrant. **

Me voilà, papa...

* Pommier, Dominique.

** Zoé, Pommier.

POMMIER.

Déjà habillée !

ZOÉ.

Depuis plus d'une heure... Je vous attendais à ma fenêtre... J'écoutais chanter les petits oiseaux...

POMMIER.

Les petits *moigneaux*... Innocente, va... (Il l'embrasse.) Je voudrais que le marquis de la Houspignolles t'entendît.

ZOÉ.

Pourquoi?

POMMIER.

Ça ne te regarde pas... As-tu bien dormi?

ZOÉ.

Oh! mal!... très-mal !... J'ai songé à un tas de choses.

POMMIER.

A quoi?... à quoi?

ZOÉ.

C'est singulier, papa... mais je me faisais une tout autre idée du mariage!

POMMIER.

Enfant...

ZOÉ.

Je croyais... que lorsqu'on se mariait...

POMMIER, l'interrompant.

Ce n'est pas vrai...

ZOÉ.

Mais cependant...

POMMIER.

N'achève pas, ma fille... Tu pourrais dire des choses...

ZOÉ.

Je me tais, papa... Comment va mon mari ce matin?

POMMIER.

Mal... très-mal... (Montrant la tisane.) Tiens, tu vois, je lui apportais sa tisane.

ZOÉ.

Oh! je vais le voir...

POMMIER, la retenant.

C'est inutile!... * Il repose... Je crains bien que le pauvre garçon n'aille pas loin...

ZOÉ.

Vraiment? vous m'effrayez...

POMMIER.

Oh! rassure-toi... D'ailleurs, je ne sais pas s'il mérite que tu

* Pommier, Zoé.

t'intéresses aussi vivement à lui... son caractère ne me semble pas heureux...

ZOÉ.

Hier soir déjà, il m'a boudé sous prétexte que je refusais de le *tutoyer*...

POMMIER.

Il m'a même semblé l'entendre, dans un petit coin, te traiter de bégueule...

ZOÉ.

Oh!

POMMIER.

Je n'en suis pas bien sûr... Mais il m'a semblé... Ma fille, il est de mon devoir de te rappeler à tous les bons sentiments qu'une femme doit à son mari... Certes, ce n'est pas moi qui allumerai jamais le brandon de la discorde dans ton petit ménage... Mais je ne puis te le dissimuler, la conduite de ton noble époux est celle d'un galopin...

ZOÉ.

Papa...

POMMIER.

Galopin est le mot... Je crois qu'il rougit de nous...

ZOÉ.

Vraiment!... Mais alors pourquoi m'a-t-il épousée?

POMMIER.

Pourquoi?... Parce qu'il s'est dit : La petite a des écus.

ZOÉ, vivement.

Oh! pour ma fortune!... Lui qui prétendait être tombé amoureux de moi en me voyant à ma fenêtre.

POMMIER.

C'est une craque!... Certes, ce n'est pas moi qui allumerai jamais le brandon de la discorde dans ton petit ménage... Mais je dois t'avouer qu'hier, lorsque nous sommes allés le prendre à Clichy, il te voyait pour la première fois... Il ne connaissait de ta figure que le chiffre de ta dot...

ZOÉ.

Oh! c'est affreux! (Elle s'assied à droite.)

POMMIER.

Ma fille, il est de mon devoir de te rappeler à tous les bons sentiments qu'une femme doit à son mari... Mais à ta place je ne lui parlerais plus.

ZOÉ.

C'est fini...

POMMIER.

Je m'enfermerais plus que jamais dans mon appartement... et dans ma dignité...

ZOÉ.

Vous allez voir!

SCÈNE IV.

LES MÊMES, RENAUD*.

RENAUD.

Bonjour, papa beau-père... Tiens! ma femme!... Bonjour, ma petite femme! (Zoé s'est retournée sans lui répondre.)

POMMIER.

Comment, mon gendre... Vous n'étiez pas dans votre lit... Je vous portais de la tisane...

RENAUD, regardant Pommier.

Qu'est-ce qu'elle a donc?

POMMIER.

Rien... Elle est ce matin d'une humeur charmante... (A part.) C'est bien singulier... il a l'air de se porter à merveille...

RENAUD, d'un ton cérémonieux à Zoé.

Madame la comtesse veut-elle me permettre... (Il veut lui prendre la main, mais Zoé la retire et entre vivement à droite. Renaud regarde Pommier avec étonnement.) Mais qu'est-ce qu'elle a donc?... (Il se précipite vers la porte de droite, mais Zoe la lui ferme sur le nez.)

SCÈNE V.

POMMIER, RENAUD**.

POMMIER, qui a repris la tasse.

Ne faites pas attention... C'est aujourd'hui la blanchisseuse... Ces jours-là, elle est toujours comme ça... (Il lui présente la tasse.)

RENAUD, la repoussant.

Ça n'est pas gai...

POMMIER.

Ça se fera.... ça se fera.... (Lui offrant la tisane.) Tenez.... prenez ceci...

RENAUD.

Merci...

POMMIER.

Elle vous aime beaucoup... Tout à l'heure encore, elle me disait que vous étiez tout à fait le mari qu'elle a rêvé.

* Pommier, Renaud, Zoé.

** Pommier, Renaud.

RENAUD.

Ah !... vraiment?... Eh bien, ça me fait plaisir. (Il lui frappe sur le ventre.)

POMMIER.

Hé !... ne frappez donc pas...,

RENAUD.

Ça se fait... un gendre frappe toujours sur le ventre de son beau-père.

POMMIER, à part.

C'est qu'il n'a pas l'air malade du tout! (Il boit une gorgée.—Haut.) Dites-moi donc, vous avez l'air tout guilleret ce matin.

RENAUD.

Mais oui... ça ne va pas trop mal.

POMMIER.

N'importe!... il faut bien vous observer... votre santé a besoin des plus grands ménagements. (Lui offrant la tisane.) Buvez ceci.

RENAUD, prenant la tasse qu'il pose sur le guéridon.

Laissez-moi donc tranquille!... en voilà assez !

POMMIER.

Le docteur Bernard me l'a dit encore hier.

RENAUD.

Hier, oui... mais aujourd'hui... Tenez, regardez-moi cette figure... jamais je ne me suis mieux porté.

POMMIER, à part.

Le fait est que le gueux a une mine superbe ce matin !

RENAUD.

Le moyen d'être malade ici?... dans cet appartement si bien aéré... avec une cuisine comme la vôtre... C'était bon à Clichy... parce que là... les remords, la douleur... l'air impur des cachots... (Serrant Pommier dans ses bras.) Oh! bon monsieur Pommier... dire que c'est à vous que je dois tout ça!... Hum! hum! (Il l'embrasse à plusieurs reprises.)

POMMIER, se dégageant.*

Mais laissez donc... mais laissez donc.

RENAUD.

Aussi vous allez voir... A dater d'aujourd'hui, je me consacre tout entier au bonheur de votre fille.

POMMIER.

C'est inutile... elle est très-heureuse.

* Renaud, Pommier.

RENAUD.

Du tout!... du tout!... (Fouillant dans les poches de Pommier.) Et d'abord donnez-moi cette clef!

POMMIER.

Mais non... mais non!

RENAUD.

Ah!... vous me refusez... Eh bien... tenez! (Lui montrant une clef.) J'en ai fait faire une autre.

POMMIER.

Hein?... une seconde clef!... permettez...

RENAUD.

Rien... En outre, comme je sais que votre fille aime la promenade, le bois de Boulogne, je viens de choisir dans vos ateliers un délicieux coupé, et j'ai donné ordre d'atteler pour trois heures.

POMMIER.

Mais...

RENAUD, l'interrompant.

Ce n'est pas tout... J'arrive du café Anglais... où j'ai invité quelques amis à venir célébrer avec nous mon heureux retour à la santé... et demain jeudi...

POMMIER, effrayé.

Ils viendront dîner ?

RENAUD.

Oh ! ne vous inquiétez pas du menu... j'ai tout commandé chez Potel et Chabot.

POMMIER.

Ah ! permettez...

RENAUD.

En votre nom... Cinquante francs par tête... nous serons seize.

POMMIER.

Huit cents francs !

RENAUD.

Sans compter les rafraîchissements pour la soirée... car nous danserons... Douze cents francs en tout.

POMMIER.

Douze cents francs !

RENAUD.

Vous verrez... rien ne me coûtera pour rendre votre fille heureuse... et elle le sera, papa beau-père. (Il lui tape sur le ventre.)

POMMIER.

Ne tapez donc pas!

RENAUD.

Ça se fait.

POMMIER.

Certainement, monsieur le comte, je serais très-flatté de recevoir vos nobles amis... mais il me semble... que dans l'état où vous êtes... souffrant encore... car vous êtes pâlot...

RENAUD.

Ce n'est que ça qui vous inquiète?

POMMIER.

Sans doute... car autrement je serais heureux.

RENAUD.

Excellent monsieur Pommier!

POMMIER.

Aujourd'hui que vous êtes de la famille, mais votre santé m'est aussi précieuse que celle de ma fille.

RENAUD.

Vraiment?...

POMMIER.

Je ne voudrais pas pour tout au monde vous voir la compromettre.

RENAUD.

Eh bien!... calmez vos craintes... Je vais vous apprendre une chose qui va vous rendre bien heureux.

POMMIER.

Parlez, mon noble gendre, parlez.

RENAUD.

Je n'ai jamais été malade.

POMMIER.

Hein?... comment?... à Clichy...

RENAUD.

Jamais... un moyen que j'avais employé pour vous attendrir, et qui m'a réussi... au delà de mes espérances... car je ne demandais qu'à sortir de prison... et me voilà votre gendre!

POMMIER, à part, abasourdi.

Mais je suis refait... Ah! le polisson!

RENAUD.

Non-seulement je ne suis pas malade, mais je sens que je me porte comme le Pont-Neuf... et que je vivrai... cent ans. Dans ma famille nous vivons tous cent ans... au moins. (Riant.) Hein, vous ne vous attendiez pas à celle-là?

POMMIER, riant d'un rire forcé.

Ah! non... ah! non. (A part.) Mais je suis volé!

RENAUD.

Et maintenant, vous allez voir... Désormais vous ne vous occuperez plus de rien... La moitié de votre fortune m'appartient déjà, puisque vous avez donné trente mille livres de rente à votre fille.

POMMIER, à part.

Ah ! le scélérat !

RENAUD.

Pour ce qui vous reste, je m'en charge... nous confondrons le tout... et c'est moi qui le ferai valoir... Vous surveillerez vos ateliers... moi je m'occuperai des détails d'intérieur... des bals, des dîners, des invitations.

POMMIER, à part.

Mais il va me ruiner !

RENAUD.

Ah ! beau-père, quelle existence des *Mille et une Nuits* nous allons mener ! (Il lui tape sur le ventre.)

POMMIER.

Ne tapez donc pas !

RENAUD.

AIR *des Exploits de César.*

Dans peu j'espère,
Mon cher beau-père,
Vous faire voir
Ce que je puis valoir ;
Mille délices,
Mille caprices
De vos vieux jours
Embelliront le cours.
Toujours en quête
Pour une fête,
Ne laissons pas le chagrin s'approcher.
L'or qui circule,
Dans les doigts, brûle.
Empressons-nous vite de le lâcher !
Dans peu j'espère... etc.

(*Renaud entre à gauche.*)

SCÈNE VI.

POMMIER, puis DUNOIS.

POMMIER, s'assurant que Renaud est parti ; avec éclat.

Sac à papier !... Jarnombille !... nom d'un petit bonhomme ! ventre de biche ! je suis un homme... (S'interrompant.) Tiens ! j'allais me livrer à un monologue... j'oubliais que j'avais là mon confident. (Appelant.) Dunois !... Dunois !...

DUNOIS.

Monsieur Pommier ! *

* Dunois, Pommier.

POMMIER.

Arrive ici... et prête-moi tes deux oreilles. Dunois, je suis un homme complétement refait!

DUNOIS.

Que voulez-vous dire?

POMMIER.

Ce que je veux dire, je le dirai... je n'ai pas besoin que tu m'interroges... Fais des gestes, et voilà tout. Mon gendre, mon noble gendre, s'est moqué de moi... a trahi ma confiance... il n'a jamais été malade... et de plus il menace de vivre cent ans... au moins.

DUNOIS.

Qu'apprends-je?...

POMMIER.

Tout le petit édifice que j'avais construit pour l'avenir et le bonheur de ma fille s'écroule... Je suis dans le deuxième dessous... Et moi qui ai écrit au marquis de la Houspignolles... il ne peut manquer d'arriver dans quelques jours... Vois-tu la scène?... Comprends-tu la situation?...

DUNOIS, soupirant.

Oui... oui... oui!...

POMMIER.

Tu souffles... donc, tu la comprends... Mais ce n'est pas tout: mon chenapan de gendre menace de me ruiner... il veut donner des bals, des dîners... Je suis un père affaissé. (Il s'assied à droite.)

DUNOIS.

Seigneur!... Seigneur!...

POMMIER.

Et moi qui ai reconnu trente mille livres de rente à ma fille, tu comprends... je croyais qu'il ne m'en coûterait rien... j'étais généreux... (Se levant et poussant un cri.) Ah!... ah!...*

DUNOIS.

Qu'est-ce donc?... Vous m'avez fait peur...

POMMIER.

Ah!... je suis sauvé... Ma fille restera digne du marquis de la Houspignolles, et ma fortune restera intacte!

DUNOIS.

Comment cela?

POMMIER.

Grâce à une idée qui vient de me germer... Il faut qu'avant ce soir, mon gendre soit refourré à Clichy.

DUNOIS.

A Clichy!... oh! Seigneur...

*Pommier, Dunois.

POMMIER.

Renfonce tes réflexions... Tu trouveras dans mon secrétaire toutes les pièces de la procédure, que j'ai eu soin de garder... tu les porteras chez l'huissier, et tu lui diras bien que ce soir, avant six heures, il faut que mon gendre soit clichemardé... Va, vole et cours... (Le rappelant.) Ah!... Dunois!... n'oublie pas de dire au garde du commerce qui devra l'arrêter que mon gendre est une fine mouche, et que pour le pincer, il faut trouver quelque ruse ingénieuse; mais surtout qu'avant six heures, l'affaire soit faite... une fois à Clichy, il en aura pour cinq ans, et je suis sûr qu'il ne fera pas sauter mes écus...

GRAZIELLA, entrant par le fond.*

Monsieur le comte Renaud de Veaupiqué?

POMMIER, à part.

Hein?... une femme.... qui interpelle mon gendre!... (Haut.) Qui êtes-vous? que lui voulez-vous?

GRAZIELLA, à part.

Son père, sans doute! (Haut, en désignant Dunois.) Renvoyez ce masculin... Il est inutile qu'il entende ce que j'ai à vous débiter.

POMMIER.

Va, Dunois, va, vole et cours...

DUNOIS.

Oui, monsieur!... (Il sort.)

SCÈNE VII.

GRAZIELLA, POMMIER.**

GRAZIELLA, très-agitée.

Monsieur le comte Renaud de Veaupiqué?

POMMIER.

Il est sorti!...

GRAZIELLA.

De Clichy... je le sais... j'en arrive... c'est là qu'on m'a donné son adresse... Ah! le Bédouin!... Ah! le Cosaque!...

POMMIER, à lui-même.

Des épithètes politiques!... je flaire un petit drame intime... Dissimulons...

GRAZIELLA.

Vous êtes son père peut-être?

POMMIER.

Peut-être... peut-être...

* Pommier, Graziella, Dunois.

** Graziella, Pommier.

GRAZIELLA.

Eh bien!... votre fils... tout Veaupiqué qu'il est... n'est qu'un savoyard...

POMMIER.

Permettez...

GRAZIELLA.

Assez... homme sec et verbeux... Savez-vous d'où j'arrive?

POMMIER.

De Clichy... vous me l'avez dit...

GRAZIELLA.

Mais avant.... à midi trois quarts... de Bruxelles... où j'ai passé toute la nuit à l'attendre...

POMMIER.

Ah bah!

GRAZIELLA.

A l'hôtel du *Pélican blanc*... où j'étais en plan... et sans un fabricant de dentelles... Mais j'y songe, si vous êtes son père...

POMMIER.

Son père... c'est-à-dire...

GRAZIELLA.

Assez!... Mais c'est vous qui vous opposez à mon mariage...

POMMIER.

Votre mariage?... avec qui?

GRAZIELLA.

Mais avec lui... avec mon Renaud que j'aime... et qui m'a promis de m'épouser...

POMMIER.

Qu'entends-je?... mon gendre vous a promis...

GRAZIELLA.

Votre gendre!.. ce n'est pas votre fils?...

POMMIER.

Ce n'est pas mon fils... et je dirai même plus, il ne l'a jamais été...

GRAZIELLA.

Et il est marié?...

POMMIER.

D'hier... avec ma fille... une enfant charmante... (*Voyant Graziella qui s'évanouit et lui tombe dans les bras.*) Comment!... elle s'évanouit!... Madame... madame!...

GRAZIELLA, *se relevant tout à coup avec la plus grande agitation.*

Assez, homme sec et verbeux!... * Ah! je comprends maintenant pourquoi il m'a envoyée à Bruxelles... Nom d'un petit bon-

* Pommier, Graziella.

homme!... Ah! monsieur chose, votre gendre n'a qu'à bien se tenir...

POMMIER.*

Que voulez-vous dire, femme tumultueuse?

GRAZIELLA.

Je veux dire que je ne suis qu'une faible femme, n'ayant que de faibles ongles, mais que je compte lui arracher les yeux avec...

POMMIER.

Mon gendre en Bélisaire!...

GRAZIELLA.

J'ai une famille aussi.. des cousins... beaucoup de cousins... Ah! le chenapan!.. (S'attendrissant.) Un drôle auquel j'ai tout sacrifié...

AIR : *Du pot de fleurs.*

Il a fané les fleurs de ma jeunesse,
Il a marché sur mes illusions,
Il a brisé mon cœur plein de tendresse
Sous le poids des déceptions.
Pauvre victime, à la fin je me lasse,
Morbleu! c'est trop m' laisser endommager.
Sur lui je veux à l'instant me venger,
Et lui faire payer la casse.

(Avec fureur.) Ah! je comprends la cour d'assises, et *la Gazette des Tribunaux*... Renaud!... Renaud!... Où est-il, que je le tue?

SCÈNE VIII.

LES MÊMES, ZOÉ.**

ZOÉ, entrant sur les derniers mots.

Tuer mon mari!...

GRAZIELLA.

Sa femme!...

POMMIER.

Ma fille!

GRAZIELLA.

Ah! je défaille!... (Elle se laisse tomber sur un fauteuil à gauche.)

ZOE.

Pourquoi cette menace?

* Graziella, Pommier.

** Graziella, Pommier, Zoé.

POMMIER, bas à Zoé.

Une péronnelle qu'il avait promis d'épouser...

ZOÉ.

Une rivale... ah! je m'évanouis... (Elle se laisse tomber dans les bras de son père.)

POMMIER, soutenant sa fille.

Zoé!...

GRAZIELLA.

Le monstre!

POMMIER.

Viens, mon enfant, je veux t'arracher au spectacle d'une situation aussi déchirante!... (Renaud paraît à gauche, et apercevant Graziella, il se retire.)

GRAZIELLA, se levant tout à coup.

Eh bien, non!... je ne veux pas me trouver mal. Allons écrire à mes nombreux cousins..., et si avant vingt-quatre heures ils ne lui ont pas cassé les reins, il aura de la chance!...

POMMIER.

Laissez donc, madame... et allez au diable! (Graziella sort par le fond.)

SCÈNE IX.

POMMIER, ZOÉ, RENAUD.*

RENAUD, entrant par la gauche.

Quel est ce bruit?

POMMIER, se trouvant en face de Renaud.

Ah! vous voilà!... Cosaque!... Bédouin!...

RENAUD.

Permettez, papa beau-père...

POMMIER.

Assez de familiarités!... Le temps n'est plus où il vous était permis de me frapper sur le ventre, en m'appelant papa beau-père... Je ne vous connais plus... ces licences vous sont interdites...

RENAUD, à part.**

Graziella a parlé... c'est sûr... Et moi qui la croyais au *Pélican blanc*...

ZOÉ, revenue à elle, à Renaud, lui présentant son anneau de mariage.

Monsieur, reprenez ceci...

RENAUD.

Que vois-je?... notre anneau de fiançailles!...

ZOÉ.

Je vous le rends...

* Renaud, Pommier, Zoé.

** Pommier, Renaud, Zoé.

POMMIER.

Et ma fille a raison...

ZOÉ.

Il devait être, disiez-vous, le gage d'un amour éternel...

RENAUD.

Mais, je vous jure...

ZOÉ.

Oh! plus de serments!... Le lendemain même de notre mariage, oser introduire ici... dans l'appartement de mon père... une femme qui...

POMMIER.

Une farceuse, enfin...

RENAUD.

Mais laissez-moi vous dire...

ZOÉ.

C'est inutile... car, bientôt une séparation...

RENAUD.

Une séparation!...

ZOÉ.

Les tribunaux apprécieront votre conduite! (Elle sort vivement à droite.)

SCÈNE X.

POMMIER, RENAUD. *

POMMIER, à lui-même.

Ah! sapristi... je n'avais pas songé à celle-là... (Haut.) Mais oui... mais oui... une bonne petite séparation de corps... et de biens... (A part.) de biens surtout!... ma fortune est sauvée!... (Haut.) Et comme je suis riche, et que tu n'as pas le sou, je prendrai un excellent avocat, qui, pendant deux heures, te flanquera des sottises sur tous les tons, tandis que toi tu n'auras qu'un malheureux petit avocat d'office, qui, pour quinze francs, ne te dira rien du tout.

RENAUD.

Ah! c'est comme ça!... (A part.) En avant les grands moyens! (Haut.) Eh bien! je vous déclare que si vous persistez à vouloir nous séparer, je suis capable...

POMMIER.

De quoi?

RENAUD.

Des choses les plus désespérées!

POMMIER.

Hein?

* Pommier, Renaud,

RENAUD.

Oui, monsieur... Puisque vous m'enlevez mon bonheur, puisque vous m'arrachez à l'amour de ma femme... eh bien! je me tuerai!

POMMIER.

Se tuer... Laissez-moi donc tranquille!... on dit ces choses-là... mais... *

RENAUD.

Ah! vous êtes inexorable... Eh bien, monsieur, ne vous en prenez qu'à vous des malheurs qui pourront arriver...

ENSEMBLE.

AIR :

Je vous fuis sans regrets,
O vous tous que j'aimais!
Rêves que je faisais,
Adieu donc pour jamais!

POMMIER.

Il sert tous mes projets!
Le perdre pour jamais,
C'est ce que je voulais,
Va reposer en paix!

(Renaud rentre dans la chambre de gauche et Zoé dans la chambre de droite.)

SCÈNE XI.

POMMIER.

Il se tuera... il l'a dit. Ah! parbleu! je ne serais pas fâché de voir ça! Ne vous en prenez qu'à vous des malheurs... Je le connais... Il est gentilhomme... et un gentilhomme n'a que sa parole... Voyons donc! voyons donc!...

SCÈNE XII.

POMMIER, DUNOIS. **

DUNOIS.

J'arrive de chez l'huissier... et...

POMMIER.

Il s'agit bien de l'huissier et des gardes du commerce!... Dunois...

DUNOIS.

Monsieur Pommier?

* Renaud, Pommier.

** Pommier, Dunois.

POMMIER.

Va me décrocher ces petits joujoux qui sont sur ma panoplie...

DUNOIS.

Que voulez-vous faire?

POMMIER.

Ta demande est indiscrète... Un confident doit obéir et se taire sans murmurer... Obéis, et tais-toi...

DUNOIS.

Sans murmurer...

POMMIER.

Ah!... * tu trouveras dans mon secrétaire une petite bouteille noire... bien ficelée, bien cachetée .. très-désagréable à l'œil... apporte-la aussi !...

DUNOIS.

Mais, monsieur..

POMMIER.

Va donc, enfant... enfant que tu es!... (Dunois entre à gauche, deuxième plan.) Une fois la chose faite, j'ouvre aux yeux du monde les écluses de mon désespoir, et j'élève, à ce cher Renaud, un petit mausolée bien gentil, bien gentil, avec cette épitaphe en lettres d'or : *Au plus aimé des gendres, le plus tendre des beaux-pères!* (Il place une table à droite. En ce moment Dunois rentre, apportant un fusil de chasse, des pistolets d'arçon, une fiole. Pommier lui fait signe de se taire, en lui montrant la chambre de Renaud ; puis il prend les différentes armes et les dispose. — Prenant le poignard.) Bonne lame de Tolède!... (Il fait le signe de se frapper. Il prend le pistolet.) Pistolet de poche!... (Il le pose sur le canapé. Puis, prenant la fiole et la regardant.) Ah!... (Il pose la fiole à côté, sur la table, et place le fusil appuyé sur le fauteuil qui est près de la table.) Maintenant... va-t'en!... (Dunois s'éloigne.) Oh! le voici! observons-le! (Il se cache derrière le rideau de la croisée, au fond. — Renaud entre par la gauche.)

SCÈNE XIII.

RENAUD, POMMIER, caché. **

RENAUD.

L'accès de mon beau-père doit être passé... et à l'aide d'une petite explication... Mais cette Grazie.la, que je croyais à Bruxelles, quelle idée d'arriver ici... et d'éclater comme une bombe!... (Tout en parlant, il s'est approché de la table et il prend machinalement le poignard.) Tiens, un beau poignard! (Enfonçant le poignard dans la table.) Elle est bonne, la lame de ce poignard! comme dit monsieur Antony...

* Dunois, Pommier.

** Renaud, Pommier.

POMMIER, *l'observant, à part.*

Il opte pour le poignard...

RENAUD, *allant au canapé et s'asseyant sur le pistolet.*

Un pistolet!... (*Il va le poser sur la table, prend la petite bouteille, la regarde avec étonnement et la repose. Voyant le fusil.*) Un fusil!... (*Il le prend.*) Ah ça... que signifie? Tout un arsenal!... (*Apercevant Pommier qui disparaît derrière le rideau.*) Hein!... mon beau-père!... Est-ce que ce serait lui qui aurait disposé tout ça?... Dans quel but?... nous allons voir!... (*Il prend le fusil; d'un ton tragique.*) Oh!... la vie!... la vie! énigme étrange... dont le mot est là dedans!... (*Il tient le fusil dans la direction du rideau où est caché Pommier.*) Dire qu'il me suffirait d'appuyer le doigt sur ce petit morceau de fer pour qu'une créature humaine...

POMMIER, *criant, derrière le rideau.*

N'appuyez pas... Il est chargé!...

RENAUD, *simulant l'étonnement.*

Mon beau-père!... Ah ça, que faisiez-vous là?...

POMMIER.

Je prenais l'air... après la scène de tout à l'heure...

RENAUD.

Mais la fenêtre est fermée...

POMMIER.

J'allais l'ouvrir...

RENAUD.

Expliquez-moi donc pourquoi cette table, ces meubles se trouvent là, chargés de tous ces petits biblots?

POMMIER.

Oh! c'est bien facile... c'est bien facile... Je vais vous dire... (*Très-embarrassé.*) Cette table... eh bien... voilà... C'est très-facile... la table... ce matin elle était ici... et ce soir...

RENAUD.

Oui... la table... ça se comprend... elle était là, et on l'a mise ici... mais les biblots... tous ces petits biblots?...

POMMIER.

C'est bien facile aussi... c'est... (*A part.*) Ah! m'y voilà!... (*Haut.*) J'étais en train de les serrer... parce que je me disais : Mon gendre a la tête montée... Et si par hasard il trouvait sous sa main... un poignard... un pistolet... ou un fusil...

RENAUD, *à lui-même.*

Oh!... ça n'est pas clair... il ne peut pas, cependant, avoir intérêt à se débarrasser de moi... Voyons jusqu'au bout.

POMMIER, *se précipitant sur le fusil que Renaud tient encore.*

Mon gendre, lâchez ce fusil... je vous en prie!

RENAUD.

Ne craignez rien, monsieur Pommier... ce n'est pas sous vos yeux.... (D'un ton tragique.) Les flots de la Seine sont discrets...

POMMIER, posant le fusil à droite.

Vous noyer!... y songez-vous?... (A part.) Il ne sait pas nager!

RENAUD, jouant le désespoir.

Je vous ai trompés, vous et votre fille... je sens que, maintenant, je suis indigne de serrer la main d'un honnête homme... Brave monsieur Pommier.... adieu!... oh! ne m'arrêtez pas!

POMMIER, se laissant tomber sur le canapé et pleurnichant.

Mon gendre, vous me brisez le cœur!

RENAUD, à part.

Comment! il ne bouge pas!.... (Haut.) Ma résolution est irrévocable!... et je sens que la mort seule...

POMMIER, comme désespéré.

Ah!...

RENAUD.

Ne me retenez pas, vous dis-je!... Lâchez-moi... adieu!... adieu!... (Il passe derrière le canapé et se baisse pour se cacher.)

SCÈNE XIV.

POMMIER, RENAUD caché, puis DUNOIS.

POMMIER, à lui-même.

Ah! ah! il est parti! (Se levant.) C'est canaille ce que je fais là... mais bah!... l'habitude des tragédies m'a rendu féroce... j'ai le cœur culotté! (Appelant.) Dunois!... Dunois!

DUNOIS, entrant. *

Seigneur!...

POMMIER, désignant la table.

Emporte tout cela... Il a préféré les flots bourbeux... de la Seine... Mon noble gendre vient d'aller piquer une tête dans le lit de ce bon petit fleuve... et désormais... ** mes rêves d'avenir pour ma fille vont se réaliser... (Chantant.)

A la monaco, l'on chasse et l'on déchasse...

(Il danse.)

Danse donc, Dunois!...

DUNOIS, *l'imitant.*

A la monaco, l'on chasse...

Ils dansent tous deux. Renaud s'approche sans être vu et danse entre les deux.)

* Renaud, Pommier, Dunois.
** Renaud, Dunois, Pommier.

RENAUD.*

A la monaco...

POMMIER et DUNOIS, poussant un cri.

Ah!

RENAUD, se croisant les bras.

Ah! monsieur mon beau-père! ah! vous vouliez ma mort!... Ah! vous dansiez, espérant que votre fille était déjà veuve!... Mais vous êtes un affreux gueux!... mais c'est-à-dire que depuis la *Tour de Nesle* et la bande des habits noirs, on n'a jamais rien vu d'aussi atroce...

POMMIER.

Mon gendre!

RENAUD.

Assez de familiarités... Ah! tu voudrais me voir au fond de la Seine... ah! tu veux me conduire au tribunal... Eh bien, moi, je vais te traîner en cour d'assises...

(Dunois disparaît sans bruit, à gauche, premier plan.)

POMMIER, effrayé.

En cour d'assises...

RENAUD.

Pour tentative d'homicide sur la personne de ton gendre... Et je plaiderai moi-même... Et je te vouerai à l'exécration des trente-cinq millions de Français qui lisent le *Droit* et la *Gazette des Tribunaux*... Je t'appellerai Papavoine! Ugolin!...

POMMIER.

Ugolin!...

RENAUD.

Une voix partie du tribunal dira : Le comte et la comtesse Renaud de Veaupiqué sont séparés de corps et de biens... Mais une autre voix lui répondra de la cour d'assises : Le père Pommier est condamné à la peine des *gendricides*... Et l'on fera une complainte sur toi... et l'on vendra ton histoire dans les rues sur un petit papier tout sale... (Imitant les crieurs.) V'là ce qui vient de paraître!... ça n' se vend qu'un sou!

POMMIER.

Assez! assez!... Grâce, mon gendre!

RENAUD.

Grâce!... Oh non!... Je vais de ce pas écrire au procureur impérial...

(Il entre à gauche, troisième plan.)

POMMIER.

Je redégringole dans le troisième dessous!...

* Dunois, Renaud, Pommier.

SCÈNE XV.

POMMIER, puis un GARDE DU COMMERCE. *

POMMIER, au désespoir.

L'amour paternel m'a mis dedans.... Mais que devenir ?... Ce procès même que je veux lui faire, je le perdrai... car je n'ai rien à lui reprocher... qu'une petite intrigue... de femme... une seule !...

LE GARDE DU COMMERCE, entrant par le fond, déguisé en groom, à part.

Il paraît que le monsieur n'est pas facile à prendre... Agissons avec finesse...

POMMIER, l'apercevant.

Hein ! un groom!... ça sent le quartier Bréda !

LE GARDE, à part.

C'est l'oiseau sans doute... Tâchons de le pincer avec adresse. (Haut, mystérieusement.) Monsieur le comte de Veaupiqué...

POMMIER, avec humeur.

Que lui voulez-vous?

LE GARDE, mystérieusement.

Lui dire qu'un petit coupé l'attend au coin de la rue... et que j'ai ordre de le conduire auprès de ma maîtresse...

POMMIER, à part.

Une nouvelle intrigue!... Oh! je tiens mon procès!... (Haut.) Chut!... Le comte de Veaupiqué... c'est moi...

LE GARDE.

Alors, si monsieur le comte veut me suivre...

POMMIER, avec fatuité.

Mais comment donc... mais comment donc... certainement...

LE GARDE, à part.

Allons!... il n'est pas fort...

POMMIER.

Et tu dis que la voiture nous attend?

LE GARDE.

Au coin de la rue... (A part.) En route pour Clichy... (Ils sortent par le fond.)

SCÈNE XVI.

RENAUD, entrant avec précaution par la gauche.

Mon beau-père a filé... courons faire la paix avec ma petite femme... (Il se dirige vers la porte de droite.)

* Le Garde, Pommier.

FIN DU DEUXIEME ACTE.

ACTE III.

Un fond de jardin. — A gauche, une maison. — A droite, un pavillon avec une table servie.

SCÈNE PREMIÈRE.

ZOÉ, RENAUD. *

(Au lever du rideau, Renaud et Zoé sont assis à la table qui est dans le pavillon. Renaud en robe de chambre et Zoé en déshabillé du matin.)

ZOÉ, se levant.

Décidément, je n'ai plus faim... S'absenter ainsi toute une nuit!... je suis d'une inquétude...

RENAUD, la faisant asseoir.

Mais monsieur ton père est allé surveiller ses ateliers... Il avait besoin de distractions... franchement, je ne le regrette pas...

ZOÉ.

Fi, monsieur!

RENAUD, lui serrant la taille.

Quand je pense qu'il a voulu désunir deux êtres si bien faits pour s'aimer!

ZOÉ.

C'est pourtant vrai...

RENAUD.

Qu'il a voulu me réduire au désespoir, espérant que j'irais au fin fond de la Seine, pêcher des consolations!...

ZOÉ.

Mais dans quel but?

RENAUD.

Voilà ce que j'ignore... Ce qu'il y a de certain, c'est que lorsque je lui ai fait mes suprêmes adieux, il m'a laissé partir. Va-t-il trouver du changement, le papa Pommier! (Embrassant Zoé.) Oh! ma bonne petite femme!...

ZOÉ, se dégageant et sortant du pavillon.

Voyons, monsieur, finissez...

RENAUD, la suivant; d'un ton de reproche.

Monsieur!...

AIR : *Une charge de cavalerie.*

Quoi! ce mot que je redoute
Tu le rediras toujours...

* Zoé, Renaud.

ZOÉ.

Mais vous m'embrassez...

RENAUD.

Sans doute,
C'est mon droit, droit des amours,
Dont je veux user tous les jours.

ZOÉ, *reculant.*

Parler d' vos droits, c'est me déplaire!

RENAUD, *la suivant.*

Mais je les tiens de monsieur l' maire...

ZOÉ, *de même.*

Le mair' n'a rien à m'ordonner.
Ces droits, c'est à moi d' les donner.

(Elle s'assied à gauche, tend la joue à Renaud, qui l'embrasse en s'asseyant près d'elle.)

ENSEMBLE.

Ah! c'est charmant!
Quel doux moment!
Temps des amours,
Durez toujours.

(Ils s'embrassent. — A ce moment Pommier paraît à droite

SCÈNE II.

LES MÊMES, POMMIER. *

POMMIER.

Ciel!... (A part.) En tête-à-tête! Que s'est-il passé, grand Dieu!

ZOÉ, courant à lui.

Ah! mon père, vous voilà donc enfin!

POMMIER.

Ma fille!

RENAUD, sans se déranger.

Bonjour, papa Pommier... bonjour...

POMMIER.

Bonjour...

ZOÉ.

Mais d'où venez-vous, mon père?

POMMIER.

Je viens... je viens...

RENAUD, se levant.

Oui... oui... d'où venez-vous?

* Renaud, Zoé. Pommier.

POMMIER.

Ça ne vous regarde pas!... c'est mon affaire! (A part.) Que s'est-il passé, grand ciel!

ZOÉ.

J'ai été bien inquiète... et sans mon mari qui m'a rassurée...

POMMIER.

Il t'a rassurée?...

ZOÉ, baissant les yeux.

Dame!... mon père...

POMMIER, à part.

Elle baisse les yeux... Le marquis de la Houspignolle arrivera trop tard. (A Renaud.) Ah! gueux!... ah! gredin!...

ZOÉ, étonnée.

Mon père!

RENAUD, se levant.

Qu'avez-vous?

POMMIER.

Ce que j'ai?...* J'ai que... que je sors de Clichy, où j'ai été fourré à ta place!

ZOÉ.

De Clichy?

RENAUD.

A ma place... mais c'est impossible, puisque je n'ai plus de dettes...

POMMIER.

Plus de dettes, toi!

ZOÉ.

N'avez-vous pas tout payé?...

POMMIER.

Oui, mais j'ai conservé les titres...

RENAUD.

Vous vouliez donc me réintégrer sur la paille humide des cachots?

POMMIER.

Parfaitement... et je t'y réintégrerai un de ces quatre matins...

ZOÉ.

Mais pourquoi, mon père?... En vérité, votre conduite est étrange! vous semblez conspirer contre mon bonheur

POMMIER.

Ton bonheur!... ton bonheur!... Monsieur le comte t'a donné son nom, son titre, c'est à merveille. (Les séparant.) Mais quant à ton bonheur... le marquis de la Houspignolle...

* Renaud, Pommier, Zoé.

ZOÉ, *étonnée.*

Le marquis...

RENAUD.

Attendez... mais je flaire une gredinerie... Si vous m'avez fait épouser votre fille, c'était donc uniquement pour qu'elle fût comtesse?

POMMIER.

Un peu.

RENAUD.

Et comme vous me croyiez malade, vous espériez qu'elle deviendrait veuve?

POMMIER.

Avant huit jours... c'était convenu.

RENAUD.

Et alors vous l'auriez mariée au marquis de la Houspignolle?

POMMIER.

Et j'espère bien la marier encore.

RENAUD.

De sorte que ces pistolets, ce poignard, ce fusil... que vous aviez si bien disposés hier... vous n'auriez pas été fâché de me voir...

POMMIER.

Eh bien ! oui, là !

RENAUD.

Ah ! monsieur Pommier !

ZOÉ, *indignée.*

Ah ! (*Allant à Renaud, qui la prend dans ses bras.*)* Mais sois tranquille, va, mon petit mari, je n'aimerai jamais que toi.

POMMIER, *exaspéré.*

Elle le tutoie !

RENAUD, *l'embrassant.*

Ma chère petite femme!

POMMIER, *furieux.*

Monsieur, je vous défends d'embrasser ma fille.

RENAUD.

As-tu fini?... Mais ta fille, c'est ma femme.

ZOÉ.

Certainement.

POMMIER.

Monsieur !

RENAUD.

J'ai le droit de l'embrasser... et je l'embrasserai... et toujours... et toujours... et toujours. (*Il l'embrasse à plusieurs reprises.*)

* Renaud, Zoé, Pommier,

POMMIER.

Drôle !... polisson !...* je saurai bien t'en empêcher... Avant une heure tu seras coffré.

ZOÉ.

Je vous préviens, mon père, que s'il arrive la moindre chose à mon mari, j'entre au couvent.

POMMIER.

Tu m'abandonnes !

ZOÉ.

Je ne vois plus personne... et je reste enfermée, comme lui, pendant cinq ans.

RENAUD.

Bravo !

POMMIER.

Mais...

ZOÉ, s'animant.

Et si je deviens veuve, non-seulement je n'épouse pas votre marquis de la Houspignolle, mais je fais comme la veuve du Malabar.

POMMIER.

Tu te fais griller vivante !

ZOÉ.

Vous êtes prévenu... maintenant, faites ce que vous voudrez.

POMMIER, la suivant.**

Zoé !

ZOÉ.

Non, mon père; j'ai dit. (Elle entre à droite.)

RENAUD.

Quant à moi, monsieur, vous comprendrez qu'il m'est impossible d'habiter plus longtemps avec un beau-père capable de mettre de la petite poudre blanche dans mes aliments... Avant une heure j'aurai fait mes adieux à votre mobilier.

POMMIER.

Allez où vous voudrez... ça m'est égal ! (Renaud entre à gauche.)

SCÈNE III.

POMMIER, puis DUNOIS.

POMMIER, furieux.

Le drôle a entortillé ma fille. (Il tombe sur une chaise à gauche.)

DUNOIS, un livre à la main, entrant par la gauche et déclamant.***

« Mais si ce feu, seigneur, vient à se rallumer ?... »

* Renaud, Pommier, Zoé.

** Renaud, Pommier.

*** Pommier, Dunois.

POMMIER.

Ah ! c'est Dunois... lui, du moins, il ne m'abandonne pas.

DUNOIS, déclamant et lisant.

« S'il lui rendait son cœur, s'il s'en faisait aimer ? »

POMMIER.

Il s'en est fait aimer, Dunois... et, pour comble de douleur, il est payé de retour.

DUNOIS, lisant.

« Sans doute, c'est le prix que vous gardait l'ingrate. »

POMMIER.

Oh ! oui, l'ingrate ! Pourtant, je ne désespère pas encore... je la supplierai tant et tant...

DUNOIS, déclamant.

« Allez, seigneur, allez vous jeter à ses pieds...
» Allez, en lui jurant que votre âme l'adore,
» A de nouveaux mépris l'encourager encore. »

POMMIER, l'écoutant avec étonnement.

Qu'est-ce qu'il me chante ?

DUNOIS, déclamant.

« Allez voir Hermione, et content de lui plaire,
» Oubliez à ses pieds jusqu'à votre colère. »

POMMIER.

Mais ce n'est pas d'Hermione, c'est de Zoé que je parle. (Il se lève.) Que viens-tu faire ?... je ne t'ai pas appelé. (Il fait sauter le livre de Dunois.)

DUNOIS, lui présentant une lettre.

« C'est une lettre
» Qu'entre vos mains, seigneur... »

POMMIER.

On m'a dit de remettre... Connu ! (Regardant la lettre.) Grand Dieu ! grand ciel ! c'est de lui, du marquis de la Houspignolle... Il arrive, j'en suis sûr, il arrive !

DUNOIS.

Il arrive ?...

POMMIER, parcourant la lettre.

Grand Dieu ! grand ciel !

DUNOIS.

Quoi donc ?

POMMIER.

Pendant qu'ici je travaillais péniblement à son bonheur, le gredin se mariait en Italie.

DUNOIS.

Bah !

POMMIER.

Il me l'annonce!... Cette lettre est un faire-part. Quel cabotin que ce marquis!

DUNOIS.

Seigneur!

POMMIER.

Et dire que pour lui j'ai failli... Ah!

AIR *des Braves Hussards du cinquième.*

Tout me revient et ma fille et mon gendre,
Leur souvenir se dresse à mon esprit
Comme un remords vivant!... Je crois entendre,
Au fond du cœur, une voix qui me dit :
« Pommier! Pommier!... vous n'êtes qu'un bandit!
» Qu'avez-vous fait? et que vouliez-vous faire?
» De vos forfaits rougissez, malheureux! »
Je m' suis conduit comme un vilain beau-père,
J'ai pour toujours noirci mes blancs cheveux.

Ma tête se perd! je deviendrai fou!

DUNOIS, à part.

Mais qu'est-ce qu'il a donc?

POMMIER.

Mais comment faire pour rattraper l'amour de mon gendre? Voyons!... il aime le faste, le luxe, les fêtes échevelées... Qu'est-ce que je pourrais bien lui donner... à ce cher Renaud? Ah! des chevaux pur sang pour lui, des bijoux pour sa femme. Dunois, cours à ma caisse, et demande pour moi dix mille, vingt mille, cent mille francs! Va, vole et cours! (Dunois sort.)

SCÈNE IV.

POMMIER, GRAZIELLA.*

GRAZIELLA, entre et bouscule Dunois.

Ne faites pas attention, c'est toujours moi!

POMMIER, à part.

Ciel!... cette femme!... (Haut.) Venez-vous encore troubler l'intérieur de mon gendre?

GRAZIELLA.

J'ai changé d'idée... Je voulais, hier, le faire assommer par mes cousins.

POMMIER.

Hein?...

* Pommier, Graziella.

GRAZIELLA.

Mais la nuit porte conseil... je l'assommerai moi-même!

POMMIER.

Assommer qui?...

GRAZIELLA.

Mais lui, elle, vous, nous tous!... Apportez-le-moi, que je lui règle son compte! *

POMMIER.

Impossible! mon gendre est sorti!

GRAZIELLA, s'asseyant.

Je l'attendrai!

POMMIER, à part.

Elle s'installe!... (Haut.) Permettez!...

GRAZIELLA, se levant.

Assez! homme sec et verbeux!... Le Tartare m'a fait une promesse... une nuit de carnaval... au dernier bal de l'Opéra.

POMMIER.

Oh! une promesse avec un faux nez!

GRAZIELLA.

Assez! Il m'a juré qu'avant peu, j'irais prendre l'air d'une mairie quelconque... Ma famille compte là-dessus... elle veut me voir dans les fers... il faut qu'il m'y mette... ou, sans cela, faites-le venir, que je l'assomme!

POMMIER.

Mais, sapristi!... soyez donc raisonnable... Mon gendre ne peut cependant pas épouser deux femmes à la fois!

GRAZIELLA.

Qu'il s'arrange.

POMMIER, à part.

Elle est toquée, c'est sûr! (A Graziella.) Voyons, raisonnons un peu... croyez-vous que le mariage soit toujours couleur de rose?

GRAZIELLA.

Rose ou jaune, ça m'est égal, j'y tiens!

POMMIER.

Vous ne devez pas aimer Renaud d'un bien fol amour!

GRAZIELLA.

Lui! je l'exècre!

POMMIER.

Tenez, à votre place, je l'oublierais... je chercherais ailleurs... je tâcherais de rencontrer un homme... vert encore!... ayant de l'œil, du cheveu, de la dent!...

* Pommier, Graziella.

GRAZIELLA.

Assez!... je vous ai compris... De l'œil, du cheveu, de la dent, c'est vous!

POMMIER.

Hein?

GRAZIELLA.

Et j'accepte.

POMMIER.

Mais...

GRAZIELLA.

J'accepte... car, alors, je deviens la belle-mère de votre polisson de gendre, et en cette qualité je le taquine, je le picote... je lui rends la vie malheureuse, je le fais mourir à petit feu!... c'est convenu!... A quand nos deux noms sous le petit grillage en question? *

POMMIER.

Mais, vous n'y êtes pas!... vous allez... vous allez... attendez donc!

GRAZIELLA.

J'attends avec résignation!... (Elle entre dans le pavillon, se met à table et dévore une aile de poulet.

POMMIER, à part.

Impossible de s'en dépêtrer!

SCÈNE V.

LES MÊMES, DUNOIS. **

DUNOIS.

Voici, monsieur... (Il lui donne les billets.)

POMMIER, à part.

Ah! Dunois! c'est le ciel qui l'envoie! (Passant derrière Dunois.) Dunois... comment trouves-tu cette femme? ***

DUNOIS.

Elle a l'air appétissant.

POMMIER.

Oui, elle ne manque pas d'appétit... De l'œil... du cheveu... de la dent...

DUNOIS.

C'est vrai!

POMMIER.

Allons, c'est décidé, tu l'adores!...

* Pommier, Graziella.

** Dunois, Pommier, Graziella.

*** Pommier, Dunois, Graziella.

DUNOIS.

Mais dites donc...

POMMIER.

Pas un mot de plus, tu en es fou! *

DUNOIS, à part.

Où veut-il en venir?

POMMIER, s'asseyant près de Graziella.

Comment trouvez-vous cet homme?

GRAZIELLA.

Comme vous, laid!... tous les hommes sont laids!

POMMIER.

Je ne dis pas non!... Seulement, regardez-le bien... de l'œil, du cheveu, de la dent...

GRAZIELLA, se levant.

Hein!... c'est lui?...

POMMIER, id.

Chût!... il vous adore!... dix mille francs pour vous si vous consentez à l'épouser.

GRAZIELLA.

Dix mille francs!

POMMIER.

En bons billets de banque. (Il les lui donne.)

GRAZIELLA, les prenant.

Ça me va! (Ils reviennent en scène.)

POMMIER.

Bravo!... (Revenant à Dunois.) Madame accepte ton hommage!... Avant quinze jours, tu l'épouses!

DUNOIS, bas.

Mais, seigneur...

POMMIER, bas.

Pas de réflexions... je t'ai pris pour tout faire... (Haut.) Reconduis ta fiancée jusqu'à sa voiture... tu es admis à lui faire ta cour... (A Graziella.) Avant une heure il aura l'honneur d'aller solliciter le consentement de votre noble famille... (Il fait passer Dunois.) **

DUNOIS, offrant sa main.

Belle dame...

GRAZIELLA.

Monsieur...

POMMIER.

Tableau touchant!

* Dunois, Pommier, Graziella.

** Pommier, Dunois. Graziella.

POMMIER.

AIR :

Allons, enfants, bras dessus, bras dessous,
Bénis par moi, décampez au plus vite!
Et vous serez grâce à moi par la suite,
Les plus charmants, les plus heureux époux!

DUNOIS *et* GRAZIELLA.

Dans un instant, bras dessus, bras dessous,
Bénis par vous, nous partons au plus vite!
Et nous serons, grâce à vous, par la suite,
Les plus heureux, les plus charmants époux!

SCÈNE VI.

POMMIER, *puis* RENAUD.

POMMIER.

Et d'une!... Ça me coûte dix mille francs, mais, franchement, je ne les regrette pas! J'assure le repos de mon gendre et celui de ma fille... nous passons l'éponge sur mes petites frivolités.. nous nous embrassons tous, et... Ah! voici Renaud!... cher ami!...

RENAUD, *entrant par la droite.* *

N'approchez pas!

POMMIER, *étonné.*

Qu'est-ce que j'ai donc?

RENAUD.

Vous êtes armé peut-être!... Dominique! mon paletot!

POMMIER.

Armé!... (*Riant.*) Ah! ah! ah!... j'y suis!... Vous avez donc pris au sérieux mes petites plaisanteries d'hier?

RENAUD.

Ne riez pas!... votre rire est bête!... il m'agace!... Voyons, Dominique, mon paletot!

POMMIER.

Voulez-vous le mien?...

RENAUD.

Je ne veux rien de vous!... Vous êtes le père de ma femme; vous le prétendez du moins...

POMMIER.

Je le prétends... je le prétends...

RENAUD.

Quelque déplacée que soit cette prétention, je veux bien l'admettre... Sans cela...

* Pommier, Renaud.

POMMIER.

Enfant!... Allons, une petite risette à bon papa Pommier, qui vous aime, qui vous chérit...

RENAUD.

Fichez-moi la paix *. (Le regardant.) Il y a du tigre et de la hyène dans votre physionomie... le tout mêlé d'un peu de renard!

POMMIER.

Oh! pouvez-vous dire ça!... après ce que je viens de faire pour vous!... car, vous ne savez pas, la femme d'hier est revenue!...

RENAUD.

Ah! Graziella?

POMMIER.

Mais soyez sans inquiétude... je vous en ai débarrassé... je la marie.

RENAUD.

Hein?... Vous mariez Graziella?

POMMIER.

A Dunois!... Il est vrai que ça m'a coûté dix mille francs!

RENAUD.

En voilà une bêtise!... Pour cinquante francs, je l'aurais envoyée aux grandes Indes!

POMMIER.

N'importe! pour assurer la paix de votre ménage, rien ne me coûte! (Lui tendant les bras.) Eh bien! vous ne me remerciez pas?... vous ne vous jetez pas dans mes bras?

RENAUD.

Me jeter dans vos bras?... vous remercier, vous, un beau-pere de cour d'assises!... Tenez, voilà comme je vous remercie!... (Appelant.) Dominique!... la chaise de poste est-elle attelée?... **

POMMIER.

Comment! vous partez?

RENAUD.

Oui, je pars!... et je compte jeter pas mal de kilomètres entre vous et moi!

SCÈNE VII.

LES MÊMES, ZOÉ. ***

ZOÉ, à la cantonnade.

Placez mes chapeaux dans les cartons, et mes robes dans la malle.

* Renaud, Pommier.
** Pommier, Renaud.
*** Pommier, Renaud, Zoé.

POMMIER.

Hein! ma fille aussi!

RENAUD.

Votre fille aussi.

POMMIER.

Zoé, tu pars!

ZOÉ.

C'est mon devoir, mon père!

RENAUD.

Ah! scélérat de papa Pommier!... vous vouliez ma mort!...

POMMIER.

Mais non... mais non... tout ça est changé!... Ce que je demande, c'est que nous vivions tous trois bien gentiment!... ou si vous partez... je veux partir avec vous.

RENAUD.

L'omnibus est complet!

POMMIER.

N'importe! je vous suivrai.

RENAUD.

Impossible! car personne ne saura sous quel ciel d'azur, sous quel climat fortuné votre fille et moi irons cacher notre bonheur.

POMMIER, s'attendrissant.

Mais c'est affreux!... On ne prive pas un père des petits bécots de sa fille!

RENAUD.

Vous avez bien voulu priver un mari des petits bécots de sa femme!

POMMIER, au désespoir.

Quoi! je serais condamné à vivre seul!

RENAUD.

Comme l'orang-outang sur sa branche... l'hippopotame dans son bassin, ou le héron au bord des étangs, une patte en l'air.

POMMIER, passant entre sa fille et son gendre.

Une patte en l'air!... (Il lève le pied.) Mais, toi, ma fille, mon sang, ma chair, tu ne consentiras pas... *

ZOÉ.

Je dois suivre mon mari, mon père!

POMMIER.

Emmène-moi... je te donne toute ma fortune!...

RENAUD.

Votre fortune... je n'en veux plus!

POMMIER, à Renaud.

Je te rendrai la vie douce comme du miel!...

* Renaud, Pommier, Zoé.

RENAUD.

Non!

POMMIER, à sa fille.

Je monterai la garde pour toi!...

ZOÉ.

Pauvre père!

POMMIER, à Renaud.

Je te couvrirai de dentelles, de cachemires... (A Zoé.) Tu marcheras sur le pied de qui tu voudras... (A Renaud.) Et j'irai me battre en duel à ta place!

RENAUD.

Non! non!.. mille fois non!... Venez, madame. *

POMMIER.

Ma fille!

ZOÉ.

Mon père! **

RENAUD.

Non, vous dis-je!... *** Avant une heure, nous aurons mis l'Océan entre vous et nous. (Ils sortent.)

POMMIER.

L'Océan!... (Zoé rentre, accompagnée de son mari.)

SCÈNE VIII.

POMMIER, puis DUNOIS. ****

POMMIER.

Abandonné par mon enfant!... Ah! j'en mourrai!

AIR : *de la Juive.*

Zoé, quand du Seigneur, la grâce tutélaire.
En mes tremblantes mains confia ton berceau;
J'avais à ton bonheur, voué ma vie entière...

(S'interrompant.) Je n'irai jamais jusque-là! Mais où vont-ils?... (Dunois entre.) Ah! Dunois!... mon gendre, ma fille m'abandonnent!... ils vont partir!... la voiture est prête... et comment faire pour savoir... Ah! quelle idée!... tu vas prendre la place du postillon, du cocher...

DUNOIS.

Du cocher, seigneur!

POMMIER.

Tu en as la grâce et les manières... l'illusion sera complète...

* Pommier, Renaud, Zoé.
** Pommier, Zoé, Renaud.
*** Pommier, Renaud, Zoé.
**** Dunois, Pommier.

Une fois arrivé, tu m'écris un mot... et je vais vous rejoindre... Allons, fouette cocher!

DUNOIS.

Impossible, seigneur, je ne m'appartiens plus!... je me suis engagé!...

POMMIER.

Comme militaire?

DUNOIS.

Non... comme confident. A force de vous écouter, j'ai pris goût à l'emploi, et dans huit jours je débute :

Je vais à l'Odéon cueillir d'autres lauriers!

POMMIER.

Lui aussi!... Encore un que la tragédie a corrompu!... Eh bien, c'est moi, moi qui me sacrifierai!

DUNOIS.

Quoi! vous voulez?...

POMMIER.

Ce n'est pas à toi que je parle... c'est à moi... ne m'interromps pas... Oui... je grise le postillon... je prends sa culotte jaune, ses bottes à revers, son fouet... je monte sur ses chevaux... je les conduirai moi-même...

DUNOIS.

A Berlin?...

POMMIER.

Ils vont à Berlin!...

DUNOIS.

J'ai entendu monsieur le comte donner des ordres...

POMMIER.

Peu importe!... j'irai jusqu'au bout du monde s'il le faut!... Adieu, Dunois!... adieu!...

DUNOIS, voulant l'arrêter.

Mais, monsieur...

POMMIER.

Adieu!... adieu!... (Il sort vivement. Renaud entre.)

SCÈNE IX.

DUNOIS, RENAUD.*

DUNOIS, le suivant des yeux.

Mais, monsieur, écoutez donc!... (A Renaud, qui est en costume de voyage. *) Ah! monsieur le comte!... prenez pitié de votre beau-père!... Si vous saviez dans quel état le met votre départ...

RENAUD.

Il n'a que ce qu'il mérite!

* Dunois, Renaud.

DUNOIS.

Désespéré de vous voir partir sans lui...

RENAUD.

Eh bien?...

DUNOIS.

Il veut aller à Berlin! Il va prendre la place du postillon qui doit vous conduire...

RENAUD.

Ah! ah! ah!... le tour est bon!... Le papa Pommier à cheval!...

DUNOIS.

La tête n'y est plus, monsieur... Le pauvre homme est fêlé!...

RENAUD.

Ah! vous le plaignez, monsieur Dunois... vous, son digne complice!...

DUNOIS.

Que voulez-vous, monsieur, c'est lui qui m'a fait ce que je suis... qui me marie... avec dix mille francs de dot...

RENAUD.

Et qui vous fait danser la Monaco!... A propos de votre mariage, je vous en félicite... seulement, savez-vous où est votre femme?

DUNOIS.

Elle est allée faire les trois sommations respectueuses à sa famille.

RENAUD.

Ah! vous croyez cela?... Demandez à Dominique... Elle est partie pour Baden-Baden.

DUNOIS.

Et la cagnotte!... les dix mille francs?...

RENAUD.

Partis avec elle!...

DUNOIS.

Mais je suis ruiné!... Ah! la malheureuse!... Je cours... je vole à Badin-Badin!... Oh! j'y serai avant elle! (Il sort dans la plus grande agitation.)

SCÈNE X.

RENAUD, puis DOMINIQUE et ZOÉ.

RENAUD.

A merveille!... Encore un dont je suis débarrassé!... Ah! mon beau-père veut nous suivre!... il se met en postillon!... Attends, attends, mon bonhomme!... Je change mon itinéraire... (Appelant.) Dominique!... (A Dominique, qui paraît.*) Vite! mes malles... nos paquets?

DOMINIQUE.

Dans la chaise de poste.

RENAUD.

Garde-t'en bien!... Que dans un quart d'heure tout soit au chemin de fer de Lyon.

DOMINIQUE.

Au chemin de fer de Lyon!... Je croyais...

RENAUD.

Pas d'observations... va!... (Dominique sort.) L'un au Nord, l'autre au Midi... nous aurons bien du malheur si nous nous rencontrons... Pendant que le papa Pommier ira, s'il le veut, nous chercher en Prusse, moi j'irai tout tranquillement à Fontainebleau... près de mon oncle, me faire pardonner mes folies...

ZOÉ, entrant, une lettre à la main.

Ça ne te sera pas difficile, va!... Voici le domestique de ton oncle qui entre dans la cour... il vient nous chercher... ton oncle nous attend... Tiens, lis.

RENAUD, décachetant la lettre.

Ce cher oncle!... il est si bon!... il m'aime tant!... (Lisant.) « Mon neveu, je ne crois pas un mot de ton mariage!... tu » m'as déjà trompé tant de fois!... Si avant vingt-quatre heures » vous n'êtes pas tous auprès de moi, toi, ta femme et ton beau- » père, ton beau-père surtout! tu sais ce dont je t'ai menacé! »

ZOÉ.

Qu'est-ce que cela signifie?

RENAUD.

Cela signifie qu'il doute, qu'il veut te voir, qu'il veut voir ton père, ou, sans cela, qu'il me déshérite!... Je le connais!... (Appelant.) Dominique!... Il le ferait comme il le dit!...

DOMINIQUE, avec les malles et un porte-manteau sur un baquet.**

Voilà les paquets!

RENAUD.

Il s'agit bien de cela!... cours à la chaise de poste et ramène moi le postillon, mort ou vif!

DOMINIQUE.

Le postillon! (Roulement de voiture.)

RENAUD.

Quel est ce bruit?

DOMINIQUE.

Ah! mon Dieu, monsieur, c'est la chaise de poste qui s'éloigne!

RENAUD.

Et le postillon?

* Renaud, Dunois.

** Renaud, Zoé.

*** Renaud, Zoé, Dominique deuxième plan.

DOMINIQUE.

Il part à fond de train!...

RENAUD, poussant Dominique.

Mais va, malheureux!... cours!...

ZOÉ.

Qu'avez-vous, mon ami?

RENAUD.

Mais le postillon, c'est ton père!... Il part!... il emporte ma fortune!... Mais il me le faut, à tout prix!... qu'on coure!... qu'on fasse jouer le télégraphe!...

SCÈNE XI.

LES MÊMES, POMMIER, qui est couché sur le baquet et enveloppé du porte-manteau.

POMMIER, se levant, le porte-manteau ouvert sur les épaules.

Ne courez pas! ne faites rien jouer du tout! *

ZOÉ.

Mon père!...

RENAUD, l'empoignant.

Je ne vous lâche plus!

POMMIER, l'empoignant.

Ni moi non plus!...

ZOÉ, l'examinant.

Dans une valise!... Voyons, consolez-vous, papa... vous partez avec nous... Mon mari oublie tout, et il vous pardonne!

POMMIER, rejetant le porte-manteau en arrière, que Dominique ramasse.

Mais je ne veux pas qu'on oublie... je ne veux pas qu'on pardonne!... Et, pour me punir moi-même, ce n'est plus trente mille francs de rente que je vous donne... c'est cinquante... c'est quatre-vingt mille... toute ma fortune enfin!

RENAUD.

Allons, vous êtes un brave homme au fond... Mais qui est-ce qui est donc parti avec la chaise de poste?

POMMIER.

Dunois.

RENAUD.

Dunois!...

POMMIER.

Qui court après sa Graziella. Moi, je me suis incrusté dans un colis, pour être plus sûr de vous suivre, de ne pas vous quitter!

RENAUD.

Voyons... embrassons-nous!

POMMIER.

Vraiment... Ah! je sens un pleur dans chaque œil... Venez, mes enfants.... venez.... je suis heureux... j'ai mon gendre... j'ai ma fille...

* Renaud, Pommier, Zoé, Dominique deuxième plan.

RENAUD.

Sans compter que nous vous promettons avant peu... un petit vicomte...

POMMIER, *à Zoé.*

Vraiment?

ZOÉ.

Dame! mon père...

POMMIER.

Faut pas rougir, ma fille... faut pas rougir... Ta chaste mère ne rougissait pas... (*A Renaud.*) Et quand je pense que j'ai eu l'affreuse idée...

RENAUD.

Bah! c'est oublié... L'amour paternel est votre excuse!

POMMIER.

D'ailleurs, comme l'a dit la Bruyère : Le repentir d'un beau-père est un torchon qui essuie bien des fautes!

CHOEUR.

AIR : *de la chanteuse voilée.*

Enfin leurs / nos débats sont finis,
La paix a remplacé la guerre,
Et pour jamais l'on voit unis
Le gendre et le papa-beau-père.

POMMIER, *au public.*

AIR : *de Madame Favart.*

Quand je deviens bon père de famille,
J'dois m'immoler pour mes enfants;
Et, s'il s'agit de mon gendre ou d' ma fille,
A leur égard demeurez indulgents.
Si quelqu'un doit subir votre contrôle,
Faites sur moi retomber tous les torts,
Dites partout : Ce beau-père est un drôle,

RENAUD, *l'interrompant.*

En ajoutant : c'est un drôle de corps.

POMMIER, *parlé.*

Ce crapaud-là me plaît!

ENSEMBLE.

Dites partout ce beau-père est un drôle,
Mais, ajoutez : c'est un drôle de corps.

CHOEUR, *reprise.*

FIN.

Imprimerie L. Toinon et Ce, à Saint-Germain

www.ingramcontent.com/pod-product-compliance
Ingram Content Group UK Ltd.
Pitfield, Milton Keynes, MK11 3LW, UK
UKHW021818190726
13853UKWH00003B/1052

9 782329 614878